Le Canada vu de près

MW01046130

Alberta

Katie Bailey

Texte français de Claude Cossette

Crédits pour les illustrations et les photos :

Couverture : Daryl Benson/Masterfile; p. I : Dorn 1530/Shutterstock Inc.; p. III : A.G.E. Foto Stock/
First Light; p. IV : (au centre) Dumitrescu Ciprian-Florin/Shutterstock Inc., (en haut à gauche) Alan
Gleichman/ Shutterstock Inc., (en haut à droite) Trucic/Shutterstock Inc.; p. 2-3 : Leksele/
Shutterstock Inc., p. 4 : Tyler Olson/Shutterstock Inc.; p. 5 (en bas) W. Perry Conway/Corbis; p. 6 :
V.J. Matthew/Shutterstock Inc.; p. 7 : CP Photo/Adrian Wyld; p. 8 : (en haut) Thomas Kitchin et
Victoria Hurst/First Light, (à gauche) Mayskyphoto/Shutterstock Inc., (en bas) Jackson Gee/
Shutterstock Inc.; p. 9 : Michael T. Sedam/Corbis; p. 10 : Darwin Wiggett/AllCanadaPhotos.com;
p. 11 : CP Photo/Larry MacDougal; p. 12 : Karl Naundorf/Shutterstock Inc.; p. 13 : (à gauche) John
T. Fowler/Alamy, (à droite) Paul Lau/Shutterstock Inc.; p. 14 : Dan Lamont/Corbis; p. 15 : Dave G.
Houser/Corbis; p. 16 : (en haut) Wayne Lynch/AllCanadaPhotos.com, (en bas) Tim Thompson/
Corbis; p. 17 : Carson Ganci/Design Pics/Corbis; p. 18 : IPK Photography/Shutterstock Inc.; p. 19 :
(en haut) Roderick Chen/AllCanadaPhotos.com, (au centre) Sinclair Stammers/Science Photo
Library, (en bas) Photoresearchers/FirstLight; p. 20 : DK Limited/Corbis; p. 21 : (en haut) AF 83,
chemise ornée de piquants de porc-épic, Siksika, fin du 19ᵉ siècle, daim, piquants de porc-épic,
fanon de faucon, poil, plume, étain, cônes, perles de verre, pigment, Collection du Glenbow
Museum, Calgary, Canada, (en bas) 60.45.1, Gerald Tailfeathers, « The Kill », 1960, peinture à
tempéra sur papier, Collection du Glenbow Museum, Calgary, Canada; p. 22 : Paul A. Souders/
Corbis; p. 24 : (en haut à droite) Archives du Glenbow Museum, (en bas à gauche) North Wind/
North Wind Pictures Archives; p. 25 : ministère Citoyenneté et Immigration Canada (éditeur);
p. 26 : Archives du Glenbow Museum; p. 27 : (en haut) Archives du Glenbow Museum, (en bas)
Henri Julien/ Archives du Glenbow Museum; p. 28 : Canadian Pacific Archives Image no.
NS.16354; p. 29 : A.Bruce Stapleton/Archives du Glenbow Museum; p. 30 : Canadien Pacifique/
Archives du Glenbow Museum; p. 31 : Archives du Glenbow Museum; p. 32 : Mcdermid Studio,
Edmonton, Alberta/Archives du Glenbow Museum; p. 33 : (en haut) Archives du Glenbow
Museum, (en bas) Barrett & MacKay Photo/AllCanadaPhotos.com; p. 34 : Tibor Bognar/Corbis; p.
35 : Randy Lincks/Corbis; p. 36 : Jack Dagley Photography/Shutterstock Inc.; p. 37 : Claude
Robidoux/AllCanadaPhotos.com; p. 38 : Natalie Fobes/Corbis; p. 39 : (en haut) Rolf Hicker, (en
bas) John E Marriott/AllCanadaPhotos.com; p. 40 : gracieuseté du village de Glendon; p. 41 :
Raymond Gehman/Corbis; p. 42 : Steve Degenhardt/Shutterstock Inc.; p. 43 : (en haut) Subbotina
Anna/Shutterstock Inc., (au centre) Archives du Glenbow Museum; 4ᵉ de couverture :
Videowokart/Shutterstock Inc.

Produit par Plan B Book Packagers
Conception graphique : Rosie Gowsell-Pattison
Nous remercions particulièrement Terrance Cox, consultant, rédacteur et professeur auxiliaire
à l'Université Brock; Tanya Rutledge et Jim Chernishenko.

Catalogage avant publication de Bibliothèque et Archives Canada

Bailey, Katie
Alberta / Katie Bailey ; texte français de Claude Cossette.

(Le Canada vu de près)
Traduction de l'ouvrage anglais du même titre.
Comprend un index.
ISBN 978-0-545-98914-5

1. Alberta--Ouvrages pour la jeunesse. I. Cossette, Claude
II. Titre. III. Collection: Canada vu de près
FC3661.2.B34514 2009   j971.23   C2009-901195-6

Copyright © Scholastic Canada Ltd., 2009.
Copyright © Éditions Scholastic, 2009, pour le texte français.
Tous droits réservés.

Il est interdit de reproduire, d'enregistrer ou de diffuser, en tout ou en partie, le présent ouvrage
par quelque procédé que ce soit, électronique, mécanique, photographique, sonore, magnétique ou
autre, sans avoir obtenu au préalable l'autorisation écrite de l'éditeur. Pour la photocopie ou autre
moyen de reprographie, on doit obtenir un permis auprès d'Access Copyright, Canadian Copyright
Licensing Agency, 1, rue Yonge, bureau 800, Toronto (Ontario) M5E 1E5
(téléphone : 1-800-893-5777).

Édition publiée par les Éditions Scholastic, 604, rue King Ouest, Toronto (Ontario) M5V 1E1.

6 5 4 3 2 1   Imprimé au Canada   09 10 11 12 13 14

Table des matières

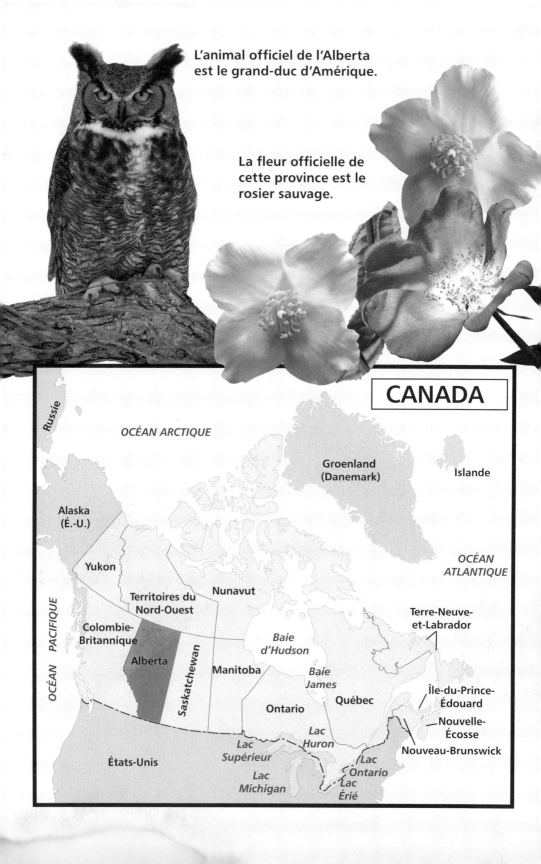

L'animal officiel de l'Alberta est le grand-duc d'Amérique.

La fleur officielle de cette province est le rosier sauvage.

CANADA

Russie

OCÉAN ARCTIQUE

Groenland (Danemark)

Islande

Alaska (É.-U.)

OCÉAN ATLANTIQUE

Yukon

Nunavut

Territoires du Nord-Ouest

OCÉAN PACIFIQUE

Colombie-Britannique

Terre-Neuve-et-Labrador

Alberta

Saskatchewan

Baie d'Hudson

Manitoba

Baie James

Île-du-Prince-Édouard

Québec

Ontario

Nouvelle-Écosse

Lac Huron

Nouveau-Brunswick

États-Unis

Lac Supérieur

Lac Ontario

Lac Michigan

Lac Érié

Bienvenue en Alberta!

L'Alberta est composée de très hautes montagnes, de vastes plaines et de magnifiques forêts. Hôte d'un rodéo de réputation internationale, elle compte des exploitations bovines et des fermes qui sont parmi les plus grandes du Canada. Dans le sol, on trouve des restes **fossilisés** de dinosaures. Les **réserves** pétrolières y sont les secondes en importance au monde. Pour ses 3,45 millions d'habitants, l'Alberta est synonyme d'aventure, de possibilités et de richesses en abondance.

L'Alberta fait partie de l'Ouest canadien. De même que la Saskatchewan et le Manitoba, les autres provinces des Prairies, elle possède de vastes champs où l'on cultive le blé à perte de vue. À la limite de la Colombie-Britannique, ce territoire plat fait place à de majestueuses montagnes – les fameuses Rocheuses – dont les contreforts sont couverts de forêts. Ce paysage accidenté et indomptable est au cœur de l'histoire et de l'esprit du véritable *Far West* canadien.

Alors, mets ton chapeau! Nous partons à la découverte de l'Alberta!

Chapitre 1

Plaines, pics et pergélisol

L'Alberta est le point de rencontre de divers paysages. Ses prairies font partie d'une longue bande de pâturages, laquelle s'étend du sud de l'Alberta, de la Saskatchewan et du Manitoba jusqu'au Texas, dans le sud des États-Unis. Les montagnes Rocheuses – que l'Alberta partage avec la Colombie-Britannique – suivent un parcours semblable. Elles font partie d'une chaîne de montagnes qui forme l'armature occidentale de l'Amérique du Nord, de l'Alaska jusqu'au Mexique. Le nord de l'Alberta est couvert de basses prairies humides et de pergélisol.

Les prairies

Le sud de l'Alberta est principalement constitué de prairies, un territoire plat ou légèrement vallonné. Des glaciers recouvraient cette région il y a 10 000 ans, puis ces rivières de glace géantes se sont retirées et ont aplani le sol. Elles ont laissé derrière elles des **sédiments** que la glace avait emprisonnés. C'est ce qui a rendu les terres fertiles et permet aujourd'hui de les cultiver.

Dans les prairies, le climat est très sec. Lorsque l'air humide de l'océan Pacifique passe au-dessus des montagnes Rocheuses, il se transforme en pluie ou en neige. L'humidité se perd ainsi, et l'air qui descend de l'autre côté de la montagne est chaud et sec. Cette région, qui comprend presque toute l'Alberta, est appelée « ombre de la pluie ».

Le chinook

Le vent chaud qui descend parfois des montagnes en hiver s'appelle le chinook. Il peut faire fondre la neige et faire grimper les températures hivernales de 20 degrés Celsius en une heure!

Au nord des prairies se trouve la région la plus densément peuplée de l'Alberta. Ici, les fermes et les villages se disputent l'espace avec les pâturages et les forêts de trembles. Le climat est plus froid et un peu plus humide que dans le reste des prairies.

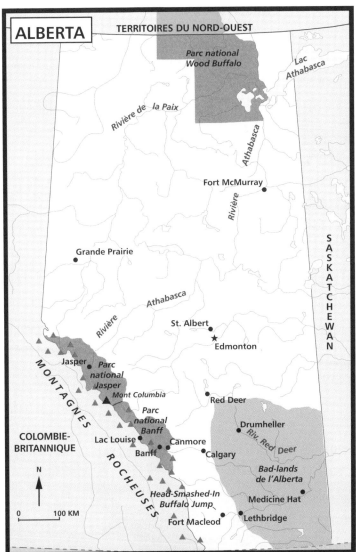

ALBERTA

TERRITOIRES DU NORD-OUEST

Parc national
Wood Buffalo

Lac
Athabasca

Rivière de la Paix

Athabasca

Fort McMurray

Rivière

SASKATCHEWAN

Grande Prairie

Athabasca

Rivière

St. Albert

Edmonton

MONTAGNES

Jasper

Parc
national
Jasper

Mont Columbia

Parc
national
Banff

Red Deer

Drumheller

Riv. Red Deer

Lac Louise

Canmore

COLOMBIE-
BRITANNIQUE

Banff

Calgary

ROCHEUSES

Bad-lands
de l'Alberta

N

Head-Smashed-In
Buffalo Jump

Medicine Hat

0   100 KM

Lethbridge

Fort Macleod

La chevêche des terriers,
espèce menacée, fait son
nid dans les terriers que
renards, blaireaux et
écureuils terrestres ont
abandonnés dans les
prairies.

Les bad-lands

Dans le sud-est de l'Alberta, les prairies se métamorphosent soudain en une vaste région sèche comprenant des canyons, des grottes et d'étranges formations rocheuses. Certaines personnes trouvent que ces paysages ressemblent à un monde extraterrestre très bizarre. Ce sont les bad-lands de l'Alberta!

Pendant des milliers d'années, l'érosion a façonné les bad-lands. Peu à peu, l'eau et le vent ont sculpté la surface du roc, exposant ainsi des couches de **roche sédimentaire**. Des coulées, ou ravins profonds qui creusent le paysage, ont été créées il y a très longtemps, lorsque les glaciers ont libéré des torrents d'eau de fonte.

Des cheminées de fée se forment lorsque le vent et l'eau grugent la roche tendre à la base, laissant la roche dure au sommet.

La forêt boréale

La forêt boréale couvre la majeure partie
de l'Alberta. La forêt boréale nordique est
constituée de conifères. Ce type d'arbres, tels
le pin et l'épinette, a des aiguilles au lieu de
feuilles. Plus au sud, la forêt est mixte et se
compose de peupliers trembles et de peupliers
baumiers. Le feuillage de ces deux essences
change de couleur à l'automne. Les forêts
abritent l'ours noir, le loup, le coyote, le wapiti,
le chevreuil, l'orignal, ainsi qu'une grande
variété de hiboux. Bien qu'il y pousse plus
d'arbres et de végétaux que dans les prairies,
le climat est
toujours sec.
Les feux de forêts
sont courants,
mais comme la
végétation est
vigoureuse, la
repousse est
rapide.

**Un hélicoptère lâche un
ignifugeant sur une forêt
albertaine pour empêcher
le feu de se propager.**

Les montagnes Rocheuses

Deux parties gigantesques de la croûte terrestre ont subi un mouvement de poussée l'une vers l'autre pendant des millions d'années, d'où la création de pics rocailleux, soit les montagnes Rocheuses, à la frontière ouest de l'Alberta. Le sommet des montagnes est très froid, si bien qu'ils demeurent enneigés toute l'année. Malgré tout, des animaux agiles se sont adaptés à ce milieu, comme les chèvres des montagnes et les mouflons d'Amérique qui se perchent sur les falaises.

Au pied des Rocheuses s'étend un terrain ondulé que l'on appelle les contreforts. On trouve des grizzlis dans cet habitat au climat frais et aux forêts mixtes composées de pins de Murray, d'épinettes, de peupliers et de trembles.

Glaciers et rivières

La plupart des glaciers ont fondu il y a des milliers d'années, mais il en reste encore quelques-uns. Le champ de glace Columbia se trouve entre les monts Columbia et Athabasca dans le parc national Jasper, situé dans les Rocheuses. Ce champ est constitué de 8 rivières de glace énormes, dont le glacier Athabasca, qui descendent entre les montagnes. L'eau de fonte des glaciers alimente les cours d'eau comme les rivières Bow, Saskatchewan-Nord et Athabasca.

Le champ de glace Columbia

Le Grand Nord

Dans le nord de l'Alberta, les étés sont courts et frais tandis que les hivers sont longs et froids. Le sol reste gelé en partie toute l'année; c'est le pergélisol. Il fait si froid que la neige couvre le sol jusqu'à huit mois par année. Lorsqu'elle fond au printemps, le sol devient mouillé et gorgé d'eau par endroits, ce qui crée marécages et marais. Les loups y chassent tandis que les orignaux et les caribous y broutent. Des oiseaux prédateurs, comme le pygargue à tête blanche et le faucon pèlerin, attrapent des poissons de rivières et de marais.

Sources thermales et grêle

- La superficie de l'Alberta, 661 190 kilomètres carrés, la place au 4e rang des plus grandes provinces du Canada.

- L'Alberta est l'une des deux seules provinces du pays sans accès à la mer. L'autre est la Saskatchewan.

- Le parc national Banff, dans les Rocheuses, est le premier parc national du Canada. Il est réputé pour ses sources thermales, des bassins d'eau naturellement chauffée par la terre.

- À 3 747 mètres, le mont Columbia est le plus haut sommet de la province.

- Les eaux de fonte du champ de glace Columbia s'écoulent dans trois océans : le Pacifique, l'Arctique et l'Atlantique.

- L'Alberta reçoit plus de grêle que le reste du pays. Parfois, les grêlons sont aussi gros qu'une balle de golf!

Un gros grêlon

Chapitre 2
Une terre d'abondance

L'Alberta est la province la plus riche du Canada grâce à son « or noir » ou pétrole. Elle possède la plus grande réserve pétrolière du Canada et la deuxième au monde. L'industrie du pétrole emploie environ 300 000 personnes et rapporte presque la moitié de l'argent de la province. Le pétrole est un **combustible fossile** précieux. On l'utilise pour alimenter les voitures et les industries ainsi que pour fabriquer du plastique, des produits chimiques et de la peinture.

Les chevalets de pompage (qui ressemblent à des ânes hochant la tête) parsèment le paysage albertain. Ils servent à pomper le pétrole à la surface. Celui-ci est entouré de champs de canola d'un jaune éclatant.

Le gaz naturel

L'Alberta produit aussi environ 80 % du gaz naturel du Canada. Le gaz naturel est un gaz incolore et inodore qui est traité et utilisé pour chauffer les maisons. On achemine par des pipelines le gaz naturel de l'Alberta qui est vendu au reste du pays ainsi qu'aux États-Unis.

Pour les Albertains, l'industrie du gaz naturel signifie des factures de chauffage moins élevées, mais aussi des emplois et de l'argent pour le gouvernement provincial. Les **redevances** que les compagnies de gaz naturel et de pétrole paient au gouvernement sont utilisées pour financer, entre autres, les routes, les écoles, les hôpitaux et les arts.

Beaucoup d'éoliennes ont été installées dans les prairies de l'Alberta, car le climat sec et venteux y est favorable. Les éoliennes produisent de l'électricité.

Un réseau de 500 000 kilomètres de pipelines de gaz naturel est relié à l'**Alberta Hub**. Cela fait beaucoup de tuyaux!

On extrait les sables bitumineux en creusant le sol avec de la machinerie lourde, ce qui forme d'énormes carrières à ciel ouvert.

Les sables bitumineux

Il est difficile et coûteux de tirer du pétrole du sol de l'Alberta, parce qu'il est emprisonné dans des sables bitumineux – un mélange d'argile, d'eau, de sable et de bitume. Le bitume est une sorte de pétrole épais et lourd. Pour extraire le pétrole, des vapeurs ou de puissants produits chimiques sont utilisés afin de le séparer du sable. Les trois principaux points d'excavation sont situés au centre de la province, dans les sables bitumineux d'Athabasca, de la rivière de la Paix et de Cold Lake.

Il y a environ 6 millions de bovins dans les fermes de l'Alberta.

Frais de la ferme

L'agriculture est la deuxième industrie en importance de l'Alberta. La quasi-totalité des prairies sert de terre agricole. Dans les fermes, on élève du bétail, de la volaille et des porcs ou on cultive des céréales comme le blé, l'avoine et l'orge, mais aussi du **canola** et des pois. L'Alberta est le deuxième producteur de céréales au Canada, mais comme le climat est sec, les fermiers doivent avoir recours à l'**irrigation**. Les fermiers albertains ont adopté cette technique dès la fin des années 1800. Aujourd'hui, l'Alberta est la province la plus irriguée du Canada.

Le bœuf est le premier **produit d'exportation** agricole de l'Alberta. Sur les 15 millions de vaches, taureaux, bouvillons et veaux produits au Canada, 40 % sont élevés en Alberta. L'industrie du bœuf comprend l'élevage dans de grands ranchs, mais aussi la boucherie et l'emballage de la viande, laquelle est acheminée au reste du Canada et partout dans le monde.

En Alberta, la loi oblige les compagnies forestières à planter de nouveaux arbres dans un délai de deux ans après la coupe.

La foresterie

Plus de 60 % de l'Alberta est recouverte de forêts denses. L'industrie forestière se concentre sur deux champs d'activités : l'exploitation des arbres et la transformation en produits comme la **pulpe** et le papier, le bois de construction et les produits finis, comme les meubles.

L'hôtel Banff Springs est l'une des destinations touristiques les plus populaires du Canada.

Le tourisme

Chaque année, des millions de personnes de tous les coins de monde visitent l'Alberta. Elles viennent admirer les spectaculaires montagnes Rocheuses, séjourner dans les magnifiques parcs provinciaux et nationaux ou se plonger dans la culture vibrante de la province. Le tourisme rapporte environ 5 milliards de dollars par année.

Un planchiste exécute un saut impressionnant dans une station touristique de l'Alberta.

Chapitre 3
Découverte de dinosaures

Il y a 75 millions d'années, l'Alberta était un endroit très différent. Une vaste mer, appelée mer de Bearpaw, couvrait la plus grande partie du sud de la province et le territoire grouillait de dinosaures. Aujourd'hui, c'est un des sites de la planète où l'on trouve le plus de fossiles de dinosaures!

Les os de plus de 35 espèces ont été découverts dans les bad-lands de l'Alberta, dont ceux de *Tyrannosaurus rex* ainsi que de dinosaures à bec de canard comme l'*Hypacrosaurus* et le *Triceratops*. L'Alberta a même donné son nom à plusieurs dinosaures, entre autres l'*Albertosaurus sarcophagus* – un carnivore qui ressemblait à un petit *Tyrannosaurus rex* – et le *Triceratops albertensis*.

Le vent et l'eau continuent à éroder la roche tendre des bad-lands, exposant de nouveaux ossements de dinosaures.

Albertosaurus

Depuis les années 1800, plus de 300 squelettes de dinosaures ont été découverts dans le Dinosaur Provincial Park. C'est une des sources les plus riches au monde de fossiles datant du crétacé, il y a de 144 à 65 millions d'années.

Les restes fossilisés d'os de dinosaures sont extraits du sol par des paléontologues.

Les squelettes sont reconstitués avec soin et exposés dans un musée comme le Royal Tyrrell, près de Drumheller.

Grâce au travail des paléontologues, nous pouvons imaginer à quoi ressemblait un dinosaure à bec de canard, comme l'*Edmontosaurus*. Cependant, personne ne sait exactement de quel type de peau il était recouvert!

Riche en fossiles

Le plus important fossile de l'Alberta n'est pas le *T. rex*, ni même l'*Albertosaurus*. C'est plutôt le Stromatopore, une ancienne créature en forme de dôme ressemblant à une éponge qui a vécu à l'ère paléozoïque, il y a de 248 à 590 millions d'années. C'est surtout grâce à cette créature que l'Alberta est aujourd'hui riche en pétrole.

Les Stromatopores vivaient dans l'eau. Pendant leur croissance, leur corps dégageait une substance dure à base de calcium, qui a formé d'énormes récifs dans la mer de Bearpaw. Ces récifs attiraient d'autres créatures marines. Lorsque la mer a disparu et que le paysage a changé, les récifs ont été enfouis profondément sous la roche. Il faudra ensuite des millions d'années pour que le poids et la chaleur de la terre transforment en pétrole les restes des créatures des récifs.

Fossile d'un Stromatopore

Chapitre 4
L'Alberta des pionniers

Les Autochtones vivent en Alberta depuis des milliers d'années. Dans le sud, la Confédération des Pieds-Noirs constituait le plus grand groupe qui comprenait trois nations : les Siksikas, les Kainahs et les Piégans. Ils vivaient en petites collectivités appelées bandes, et suivaient les troupeaux de bisons pour les chasser.

Chemise de Pied-Noir ornée de piquants de porc-épic teints

La chasse au bison était vitale pour les peuples autochtones des plaines.

Head-Smashed-In Buffalo Jump, près de Fort Macleod

Au précipice à bisons Head-Smashed-In, dans le sud-ouest de l'Alberta, on chassait les troupeaux de bisons en les faisant tomber de la falaise. Au pied, les chasseurs dépeçaient les bêtes mortes et en utilisaient toutes les parties : pour se nourrir, faire des outils, des armes, des vêtements, des abris et des articles pour le troc.

Comme les Pieds-Noirs, les Cris qui vivaient dans les plaines menaient une vie **nomade**. Ils chassaient le bison et vivaient dans des tipis sur les routes de migration des animaux. Les peuples autochtones plus au nord, dont les Cris, les Castors, les Slaves et les Chipewyans vivant dans les forêts, chassaient et pêchaient dans les multiples lacs et rivières de la région.

Un premier contact

Les produits commerciaux européens sont arrivés chez les Autochtones de l'Alberta avant les Européens. Les explorateurs troquaient des couteaux, des vêtements et des marmites contre de la nourriture et des fourrures. Divers groupes autochtones s'échangeaient ensuite ces produits. On procédait de même pour les animaux. C'est ainsi que des explorateurs espagnols ont introduit les chevaux en Amérique centrale et dans le sud des États-Unis pour faire des échanges avec les peuples autochtones de là-bas. Les chevaux n'ont pas tardé à arriver dans les prairies où ils ont pris une place importante dans le mode de vie des Cris et des Pieds-Noirs.

Le commerce de la fourrure

Les premiers écrits d'un Européen au sujet du territoire actuel de l'Alberta proviennent des carnets de voyage d'Anthony Henday. C'était en 1754. Il travaillait pour la Compagnie de la Baie d'Hudson, fondée en 1670 par le roi Charles II d'Angleterre. Le cousin du roi, le prince Rupert, en était le premier gouverneur. La **charte** de la compagnie lui donnait le droit de faire le commerce de la fourrure dans un territoire, appelé Terre de Rupert, qui couvrirait de nos jours le Manitoba, la Saskatchewan, l'Alberta et des parties de l'Ontario et du Québec.

Les bâtisseurs de forts

Dans les années 1700, deux compagnies de traite de la fourrure se faisaient concurrence dans l'Ouest : la Compagnie de la Baie d'Hudson et la Compagnie du Nord-Ouest. Chacune a construit un fort pour commercer avec les Autochtones. La Compagnie du Nord-Ouest a été la première à construire un fort en Alberta, le Fort Chipewyan sur le lac Athabasca. C'est de là que l'explorateur Alexander Mackenzie est parti à la découverte d'une route vers l'océan Pacifique. Il atteindra son objectif en 1793. L'explorateur et cartographe David Thompson, au service de la Compagnie de la Baie d'Hudson, puis de la Compagnie du Nord-Ouest, a dessiné les premières cartes de l'Alberta et des Rocheuses.

L'unité monétaire du commerce de la fourrure s'appelait le plue, ou une fraction de celui-ci. Un plue, qui était un gros jeton, représentait la valeur d'une peau de castor.

Les coureurs des bois venaient de Montréal pour commercer avec les Autochtones. Plus tard, nombre d'entre eux se joindront à la Compagnie du Nord-Ouest.

Les Territoires du Nord-Ouest

Malgré la prospérité du commerce de la fourrure, il y a peu de pionniers dans l'Ouest à l'extérieur des postes de traite. La Compagnie de la Baie d'Hudson ne veut pas que des colons s'établissent dans son territoire de traite; c'est pourquoi elle propage le message disant que l'Ouest ne convient pas au peuplement. Mais la situation change en 1870 quand le gouvernement du Canada achète la Terre de Rupert de la compagnie. Le gouvernement nomme son nouveau territoire (excluant le Manitoba) les Territoires du Nord-Ouest. Pour favoriser la colonisation, Ottawa adopte en 1872 l'*Acte concernant les terres de la Puissance*, qui offre des lots de 160 acres (65 hectares) pour seulement 10 $ chacun.

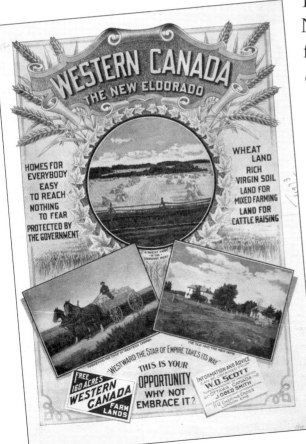

Une publicité encourage les colons à s'installer en Alberta.

En mission

Des prêtres catholiques voyageaient souvent avec les commerçants de fourrures. Leur travail consistait à convertir les Autochtones au christianisme et à ouvrir la voie à de nouvelles colonies. Le père Lacombe, un prêtre du Québec, est arrivé dans les prairies en 1849. Il vivra et prêchera parmi les Cris et les Pieds-Noirs de l'Alberta pendant la plupart des 50 années suivantes. Cet homme, qui aimait les voyages et l'aventure, a créé des écoles, des industries, des routes pour le transport et une colonie agricole. Il a aussi amélioré les relations entre les Autochtones et les nouveaux pionniers.

Une mission près d'un peuplement autochtone

Le fort Whoop-up était un poste de traite dirigé par des Américains qui faisaient le commerce du whisky. Il avait la réputation d'être un lieu de violence, sans loi.

La loi et l'ordre

En 1873, une bataille sanglante éclate à Cypress Hills entre des commerçants américains, qui vendent du whisky, et des Assiniboines. Ce drame prouve que la loi et l'ordre sont nécessaires. En 1874, on forme une nouvelle force policière qu'on envoie dans l'Ouest : la Police à cheval du Nord–Ouest. Elle deviendra plus tard la Gendarmerie royale du Canada (GRC).

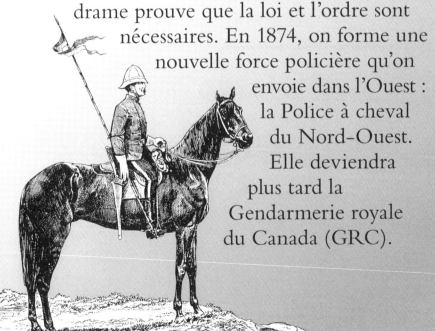

Un chemin de fer vers l'ouest

Les pionniers de l'est devaient voyager pendant des semaines pour se rendre en Alberta. Avec un chemin de fer, il aurait été plus rapide et facile de transporter les gens et les marchandises d'un bout à l'autre du pays. Le gouvernement canadien a accordé des contrats à la compagnie du Canadien Pacifique pour le construire. Le chemin de fer devait passer par le sud de l'Alberta, et non par le nord, près de Fort Edmonton, ce qui a mécontenté les pionniers du nord plus peuplé. Le chemin de fer a été terminé en 1885. Davantage de pionniers ont décidé alors de s'établir dans les régions inexplorées de l'ouest pour construire des fermes et des ranchs.

Ce wagon du Canadien Pacifique était utilisé pour inciter les pionniers de l'est à s'établir dans l'ouest. Il était rempli de blé et de légumes cultivés dans l'ouest.

Signature d'un traité entre les Pieds-Noirs et le gouvernement canadien

La signature de traités

Pour les Autochtones de l'Alberta, la vie a changé. Le bison a été tellement chassé qu'il a presque disparu, privant les gens de leur plus importante source alimentaire. Sans nourriture et voyant leur territoire envahi par les pionniers, les Autochtones constatent que leur mode de vie traditionnel est en danger. Le gouvernement canadien négocie alors des ententes, appelées traités, avec les chefs autochtones. En échange de droits de propriété sur la terre, les Autochtones recevront de l'aide pour entreprendre une nouvelle vie dans des **réserves**.

Certains chefs autochtones ne veulent pas signer ces ententes, mais ils le font pour empêcher leur peuple de mourir de faim. Le premier accord, appelé Traité n° 6, est signé en 1876. Il concerne les Cris du centre de l'Alberta. Le Traité n° 7 est conclu en 1877 entre les Pieds-Noirs et le gouvernement. Enfin, le Traité n° 8 est signé en 1899 avec les populations du nord.

La naissance d'une province

Tandis que la colonie de peuplement s'agrandit, les dirigeants du Canada constatent que les Territoires du Nord-Ouest sont trop grands et qu'ils ne peuvent plus les gouverner. C'est ainsi qu'en 1905, l'Alberta et la Saskatchewan deviennent des provinces distinctes. L'Alberta doit son nom à la princesse Louise Caroline Alberta, fille de la reine Victoria d'Angleterre. Edmonton est choisie comme capitale.

Au début des années 1900, des fermiers de l'Europe étaient encouragés par le gouvernement fédéral à immigrer dans l'Ouest.

Le gouvernement travaille fort pour favoriser l'immigration. Des Européens, surtout des Allemands et des Ukrainiens, des Américains et des Ontariens sont invités à s'établir en Alberta. On recherche avant tout des gens ayant un métier ou des compétences agricoles. Les immigrants chinois, qui étaient venus en Colombie-Britannique pour construire le chemin de fer, s'installent en Alberta une fois le travail terminé pour trouver un emploi.

Une famille de pionniers ukrainiens

La grande dépression a durement touché les populations un peu partout. Ces gens, à Edmonton, se sont retrouvés sans emploi.

Une période difficile

Dans les années 1930, la **grande dépression** paralyse l'économie albertaine et les fermiers sont contraints à la pauvreté. Le prix du blé, principal produit d'exportation de l'Alberta, passe de 1,27 $ le boisseau, en 1928, à seulement 0,30 $ quatre ans plus tard. Comble de malheur, une **sécheresse** sévit dans certaines régions de l'Alberta. La terre s'assèche et se transforme en poussière. De violentes tempêtes de poussière noircissent le ciel et salissent absolument tout. Certains fermiers perdent tellement d'argent qu'ils abandonnent leur ferme et s'en vont chercher du travail dans l'est.

Découverte de pétrole à Leduc

L'or noir

Le sort de l'Alberta change quand, en 1947, on découvre du pétrole à Leduc. Des compagnies viennent en Alberta pour trouver d'autres réserves pétrolières, ce qui crée de nombreux emplois. Le gouvernement gagne de l'argent grâce à l'industrie du pétrole en imposant les entreprises. La ville de Calgary devient le centre d'activités de l'industrie pétrolière alors qu'Edmonton se concentre sur la fabrication de produits dérivés. Aujourd'hui, des gens de partout dans le monde viennent en Alberta pour travailler dans l'industrie du pétrole.

Le Pengrowth Saddledome de Calgary a la forme d'une selle.

Chapitre 5
L'esprit de l'Ouest

La moitié des Albertains vivent dans les deux plus grandes villes de la province : Edmonton et Calgary. Le reste habite des villes plus petites, comme Lethbridge, Red Deer et Medicine Hat, ou encore dans des villages, ou à proximité de ceux-ci. Certains endroits comme Banff, Jasper et Canmore sont très prisés en raison de leur localisation dans les Rocheuses, tandis que d'autres attirent les gens grâce à leurs industries, comme Fort McMurray, situé dans les sables bitumineux d'Athabasca.

La première ville de l'Alberta

Edmonton est la capitale de l'Alberta et la deuxième ville en importance de la province. Au début, en 1795, c'était un fort établi par la Compagnie de la Baie d'Hudson. Aujourd'hui, le fort a été reconstruit. On peut le visiter et faire l'expérience de la vie d'un commerçant de fourrures. Fort Edmonton est situé un peu à l'extérieur de la ville. Parmi les attraits modernes de celle-ci, mentionnons le West Edmonton Mall, un des plus grands centres commerciaux au monde. Il renferme même des montagnes russes!

Calgary

Surnommée Cowtown (ville des vaches), Calgary n'en est pas moins la ville la plus grande et la plus peuplée de l'Alberta. En 1988, elle a été l'hôte des Jeux olympiques d'hiver. D'ailleurs, on peut encore visiter le Saddledome, où jouent maintenant les Flames, l'équipe de hockey de Calgary. Au parc olympique, **lugeurs**, bobeurs, skieurs et planchistes peuvent utiliser les pentes, les **demi-lunes** et les pistes de bobsleigh.

Le Stampede de Calgary

Durant cet événement de 10 jours, on ne voit que des chapeaux et des bottes de cow-boy à Calgary. C'est le rodéo extérieur le plus important au monde. L'attraction attire chaque été plus d'un million de visiteurs à Calgary et offre rodéos, défilés, concerts et festivités.

Les rodéos sont l'occasion de démontrer ses habiletés dans l'élevage de bestiaux et l'équitation style western. Parmi les diverses disciplines, il y a la prise au lasso du veau, la monte des chevaux sauvages et la course de chevaux autour de barils. Mais une des activités les plus excitantes et les plus dangereuses du Stampede est la course de chariots bâchés. Le chariot est couvert et tiré par un attelage de quatre chevaux. Au temps des pionniers, les chariots bâchés transportaient la nourriture, le fourneau de cuisine et d'autres équipements sur la route du bétail. La première course a eu lieu en 1923, au Stampede de Calgary. Aujourd'hui, dans l'espoir de remporter le prix de 500 000 $, on fait tirer les chariots bâchés sur la piste par des chevaux pur-sang, sous les cris de milliers d'amateurs rassemblés dans les gradins.

Les sports en montagne

Les montagnes Rocheuses sont un terrain de jeu pour les amateurs de plein air. Les skieurs et les planchistes viennent de partout dans le monde séjourner dans les nombreuses stations de ski de l'Alberta. Les plus grosses stations de montagne sont situées près de Banff et dans le parc national Jasper, le plus grand parc des Rocheuses. L'été, la randonnée pédestre et l'escalade sont des activités populaires.

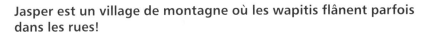
Jasper est un village de montagne où les wapitis flânent parfois dans les rues!

Des danseurs ukrainiens en costume font un spectacle près du plus gros *pysanka* au monde, à Vegreville, en Alberta.

La vie dans les petits villages

La vie dans les petits villages est très différente de celle que l'on mène à Calgary et à Edmonton. À l'origine, une collectivité avait été fondée par un seul groupe ethnique et la vie était centrée sur les traditions de son pays natal. Aujourd'hui, la population des villages est plus diversifiée et les gens travaillent souvent dans les industries locales, comme l'élevage de bestiaux, la foresterie et le pétrole. Bien que beaucoup des petites entreprises qui autrefois animaient les centres-villes aient maintenant disparu, des festivals et des foires agricoles locaux célèbrent toujours le riche passé ethnique de l'Alberta.

Le festival Pysanka à Vegreville fait partie de ces célébrations. Un *pysanka* est un œuf de Pâques ukrainien. Le festival permet aux gens de découvrir la nourriture et la musique ukrainiennes et même de décorer leur propre *pysanka* haut en couleur.

Medicine Hat est une des villes les plus ensoleillées du Canada. On y trouve le plus haut tipi au monde.

Les silos-élévateurs bordent l'autoroute à l'entrée de la petite collectivité agricole de Milk River.

Le bon goût de l'Alberta

Le steak de l'Alberta est très réputé. Partout dans le monde, on déguste le bœuf tendre provenant des ranchs de la province. La viande de bison est aussi populaire en Alberta, de même que le wapiti. Des fermiers de Taber, au sud, se vantent de produire le meilleur maïs sucré du pays. Les longues heures d'ensoleillement et les nuits fraîches de la région accentuent le goût sucré naturel du maïs. La température y est aussi parfaite pour les pommes de terre. De nos jours, en Alberta, on en cultive près de 100 variétés, dont la plupart sont transformées en frites ou en croustilles.

La nourriture est importante en Alberta, c'est du moins ce que laissent croire les statues! Regarde ce pérogie en acier dans le village de Glendon. Il pèse 2,7 tonnes! Il y a aussi une saucisse kolbassa de 12,8 mètres de hauteur à Mundare, et les plus gros champignons au monde font 6 mètres de haut dans le village de Vilna.

Le patrimoine autochtone de l'Alberta

L'identité des Albertains est étroitement liée aux peuples autochtones. La province compte 47 Premières nations et la plus grande population de **Métis** du Canada, soit 67 000 personnes. Une partie des Métis de l'Alberta vit dans des établissements fondés dans les années 1930.

L'une des meilleures façons de vivre une expérience culturelle autochtone est d'assister à un pow-wow local, une célébration qui réunit chant, danse, art et spectacle. Tous les étés, les Siksikas de la confédération des Pieds-Noirs organisent une foire de 3 jours et un pow-wow, l'un des plus importants de la province.

Chapitre 6
De quoi être fiers!

▶ Les plus grandes militantes pour les droits des femmes du Canada ont toutes vécu en Alberta. Au début des années 1900, elles ont mené et remporté une bataille juridique afin que les femmes soient reconnues comme des personnes en vertu de la loi. Ces cinq femmes célèbres sont : Henrietta Muir Edwards, Nellie McClung, Louise McKinney, Emily Murphy et Irene Parlby.

▶ Le parc national Wood Buffalo a été fondé en 1922 pour protéger les bisons en liberté.

▶ Dans les années 1800, Jerry Potts était un guide métis du sud de l'Alberta. Il a aidé la Police à cheval du Nord-Ouest à choisir le site pour fonder Fort Macleod et est demeuré au sein des forces policières comme éclaireur, traducteur et guide pendant 22 ans.

▶ L'Alberta compte beaucoup d'abeilles et le plus grand nombre d'apiculteurs au Canada. Ils produisent environ 14 millions de kilos de miel par année.

▶ À la fin des années 1800, John Ware était le premier cow-boy noir de l'Alberta. Né esclave aux États-Unis, Ware s'est installé au Canada où il est devenu un propriétaire de ranch très respecté.

▶ Dans le parc national Banff, 24 passages fauniques – 22 souterrains et 2 passerelles – ont été construits pour permettre aux animaux comme les wapitis, les orignaux, les loups, les chevreuils et les grizzlis de traverser l'autoroute, la Transcanadienne.

▶ On doit à l'informaticien James Gosling, de Calgary, la conception du langage de programmation Java. On peut utiliser Java pour créer des jeux, alimenter des sites Web ou contrôler des appareils électroniques.

Glossaire

Alberta Hub : Centre de stockage de gaz naturel situé à Peers, à mi-chemin d'Edmonton et de Jasper.

canola : Céréale dont on extrait une huile à faible teneur en acide.

charte : Concession de droits signée par un roi ou une reine.

combustible fossile : Combustible se formant avec le temps à partir des restes d'organismes vivants.

demi-lune : Demi-cylindre sculpté dans la neige pour les skieurs et les planchistes adeptes de sport acrobatique.

fossilisé : Organisme pétrifié et incrusté dans la roche.

grande dépression : Crise économique internationale (1929-1939) pendant laquelle beaucoup de gens étaient sans travail et très pauvres.

irrigation : Alimenter en eau la terre ou les cultures, souvent par des canaux ou un système de canalisations.

lugeurs : Personnes qui glissent couchées sur le dos, les pieds devant, à bord d'une luge pour une ou deux personnes.

Métis : Personne ayant des ancêtres à la fois autochtones et européens.

nomade : Aller d'un endroit à l'autre pendant toute l'année.

produit d'exportation : Quelque chose qu'on envoie dans un autre pays, habituellement pour être vendu.

pulpe : Pâte de fibres de bois moulues, utilisée pour fabriquer du papier.

redevance : Paiement fait par un producteur de minéraux, de pétrole ou de gaz naturel.

réserves : (p. 1) Quantités supplémentaires pour usage ultérieur; (p. 29) territoire désigné attribué aux gens des Premières nations pour qu'ils y vivent.

roche sédimentaire : Roche formée à partir de sédiments, souvent en couches horizontales.

sécheresse : Longue période sans pluie.

sédiment : Matière transportée et déposée sur la surface du sol.